I0106110

SNEAKY PRESS

A catalogue record for this work is available from the National Library of Australia.

ISBN 9781922641960

Sneaky Press is the imprint of Sneaky Universe.
www.sneakyuniverse.com
First published in 2023

Sneaky Press
Melbourne, Australia.

Il Libro dei Fatti Casuali sulle Automobili

Sneaky Press

STOP

Contenuti

Fatti Casuali sulla Storia delle Automobili

La prima automobile fu costruita da Carl Benz e guidata il 31 dicembre 1879.

Nel 1998 fu lanciata l'ultima automobile progettata per essere avviata con una manovella.

Sebbene le automobili avessero le chiavi delle porte prima, solo nel 1949 una chiave fuutilizzata per avviare un'automobile.

La prima automobile prodotta in serie fu la Ford Model T.

Nel 1909, impiegavano 12 ore per assemblare una Ford Model T.

Nel 1913, grazie alla catena di montaggio, ci volevano solo 8 minuti.

Il 55% di tutte le automobili circolanti nel 1916 erano Ford Model T.

La Ford ha prodotto più di 15 milioni di automobili tra il 1909 e il 1927, una media di circa 535.000 automobili all'anno.

All'epoca degli ultimi modelli di Model T prodotti nel 1927, potevano essere assemblati in 24 secondi.

La Ford Model T costava 850 dollari nel 1908 (equivalenti a circa 25.000 dollari oggi). Nel 1925, la stessa auto poteva essere acquistata nuova per 260 dollari (equivalenti a circa 8.000 dollari oggi) grazie all'efficienza crescente della produzione di automobili. (Questi costi sono espressi in dollari USA perché le automobili venivano prodotte e acquistate negli Stati Uniti all'epoca.)

La Holden produceva in origine selle - sì, quelle cose che si mettono su un cavallo per cavalcarlo - negli anni '50.

La Peugeot ha iniziato a produrre automobili nel 1890, prima di ciò produceva utensili, attrezzature da cucina e biciclette.

La Rolls-Royce produce motori per aerei oltre ad automobili di lusso.

Toyota produce telai automatici (macchine per tessere il tessuto) oltre alle automobili.

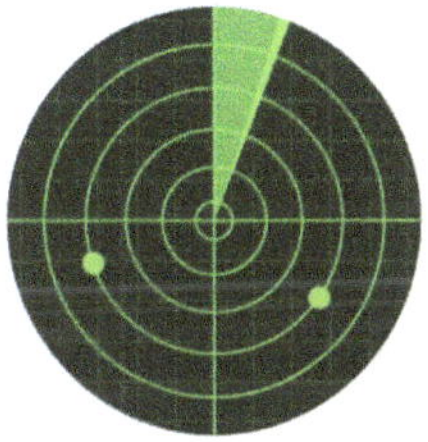

SAAB, oltre alle automobili, produce aerei militari, sistemi di controllo del traffico aereo e radar.

Hyundai produce anche navi, motori e altre macchine oltre alle automobili.

Fatti Casuali sulla Produzione di Automobili

Si stima che vengano prodotte 115 automobili ogni minuto, 6875 automobili all'ora, 165000 automobili al giorno, per un totale di 60 milioni di automobili all'anno!

Il 25% di tutte le automobili prodotte sono realizzate in Cina.

Un'automobile media è composta da oltre 30000 parti uniche.

La prima automobile a trazione integrale fu prodotta per l'esercito degli Stati Uniti nel 1940 ed era una Jeep.

Toyota produce 13000 automobili ogni giorno, rendendola il maggior produttore di automobili al mondo. La loro auto più venduta è la Corolla, con oltre 50 milioni di automobili vendute fino ad agosto 2021.

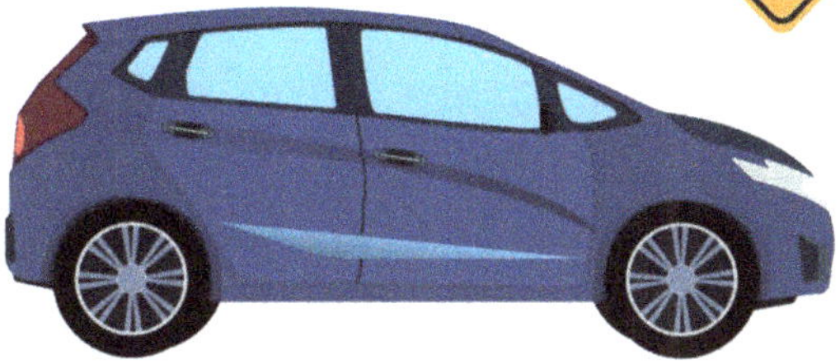

Ford produce 8000-10000 automobili al giorno.

Ferrari produce al massimo 14 automobili al giorno.

Forme delle Automobili

Ci sono 6 forme principali di automobili:

Monovolume

Coupé

Berlina

Pick-up

Quattro
ruote motrici

Furgon

Fatti Casuali sulla Sicurezza delle Automobili

Il giorno in cui si verificano più incidenti automobilistici è il sabato.

La maggior parte degli incidenti avviene entro 5 km da casa di una persona.

Indossare la cintura di sicurezza quando si viaggia in automobile riduce del 61% il rischio di morte in caso di incidente.

La cintura di sicurezza a tre punti è stata inventata da Volvo nel 1959 e salva una vita ogni sei secondi. Volvo ha permesso a tutti gli altri produttori di automobili di copiare il design in modo che le persone potessero essere più sicure in qualsiasi auto in cui fossero.

Gli airbag sono stati introdotti per la prima volta in alcune automobili nel 1974.

Ci vogliono 40 millisecondi per gonfiare un airbag.

Fatti Casuali sulle Corse di Automobili

La prima gara di automobili si è svolta a Parigi il 22 luglio 1894.

Le corse automobilistiche si svolgono sia su strade pubbliche che su piste da corsa.

Le corse rally coinvolgono automobili normali modificate per le competizioni.

Attualmente solo Ford Fusion, Dodge Charger, Chevrolet Impala e Toyota Camry possono competere nelle gare NASCAR.

Le gare di Formula 1 coinvolgono auto molto veloci appositamente progettate che corrono giri intorno a una pista speciale.

Ci sono circa 15-20 gare di Formula 1 ogni anno organizzate in vari paesi di tutto il mondo. Queste gare combinate sono chiamate Gran Premi. Il vincitore del Gran Premio è la squadra che ha ottenuto più successi durante l'anno.

La prima gara di Formula 1 si è svolta il 13 maggio 1950 nel Regno Unito.

Primati delle Automobili

Il primo incidente automobilistico si è verificato nel 1891.

La prima linea divisoria stradale è stata dipinta nel Michigan, USA, nel 1911.

I primi semafori
sono stati installati
nel 1914 a
Cleveland, USA.

Il primo segnale che
proibisce la svolta a
sinistra è stato
installato a New York,
USA, nel 1916.

Fatti Casuali sulla Sicurezza

Si pensa che una moderna auto di Formula 1 possa guidare al contrario in un tunnel alla velocità di circa 190 km/h.

Nel novembre del 1985, il record per rimuovere e sostituire un motore di un'auto è stato di 42 secondi.

L'automobile più lunga mai realizzata è una limousine Cadillac lunga oltre 30 metri e con oltre 20 pneumatici.

L'automobile più bassa mai prodotta è alta meno di 50 cm ed è chiamata Flatmobile.

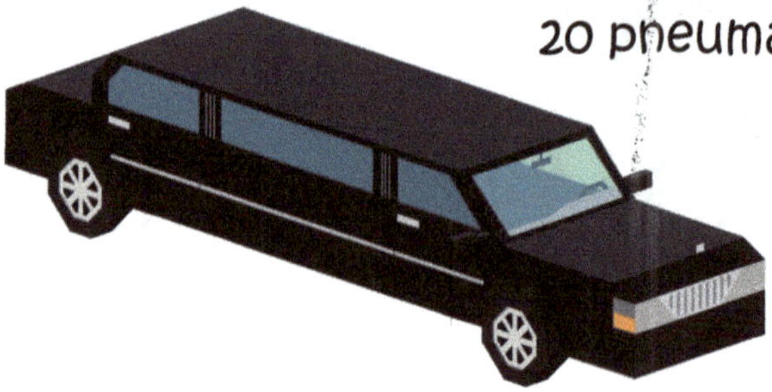

Pare che la maggior parte delle persone che guidano le automobili cantino. Il 90% di tutti i conducenti canta quando è in viaggio.

Le automobili sono il prodotto più riciclato al mondo.

Nel Regno Unito, le auto della polizia avevano una scorta di orsacchiotti, nel caso in cui gli agenti si imbattessero in un bambino coinvolto in un incidente automobilistico che aveva bisogno di essere tranquillizzato.

A Hong Kong ci sono più Rolls Royce che in qualsiasi altro luogo del mondo.

Nel 2018, circa il 75% di tutte le auto usate vendute negli Stati Uniti erano di colore nero, bianco, grigio o argento.

Nel 1981, il produttore tedesco di automobili Trabant produceva auto senza indicatori di livello carburante. Si poteva verificare la quantità di carburante con un

Circa il 65% degli automobilisti in tutto il mondo guida sul lato destro della strada.

Le ruote sono utilizzate da molto tempo dagli esseri umani. La più antica mai scoperta risale al 3500 a.C. ed è stata trovata in Mesopotamia.

I conducenti in Turkmenistan hanno diritto a 120 litri di carburante gratuito al mese.

In Norvegia, la metà di tutte le nuove automobili vendute sono o elettriche o ibride.

Leonardo da Vinci ha progettato un'automobile nel 1478. L'Istituto e Museo di Storia della Scienza di Firenze, Italia, ha una replica di questa macchina che è stata infine costruita nel 2004.

I proprietari di Rolls Royce amano davvero e si prendono cura delle loro auto - il 75% di tutte le Rolls Royce è ancora in circolazione.

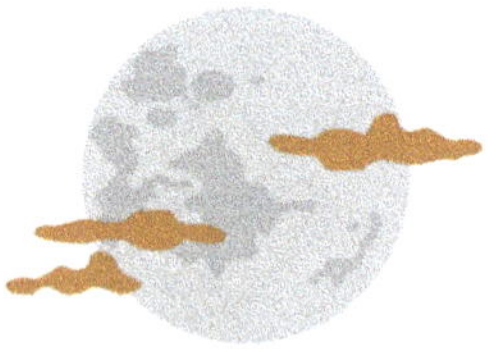

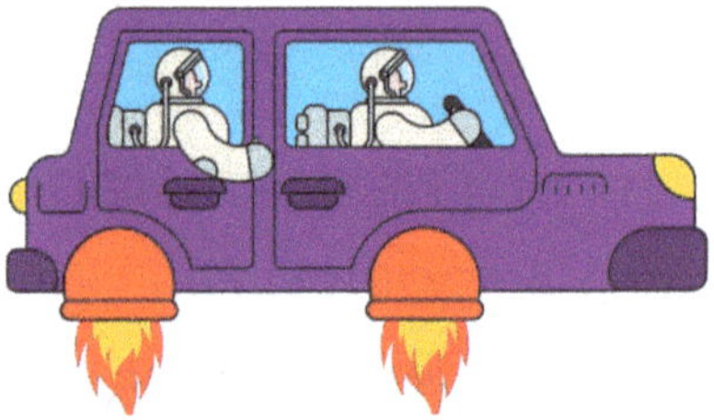

Se un'automobile potesse viaggiare attraverso l'aria a una velocità media di 96 km/h senza bisogno di essere rifornita, ti porterebbe sulla luna in meno di un mese.

Molte nuove automobili sono molto silenziose, così tanto che riproducono un falso rumore del motore attraverso gli altoparlanti.

In Russia, è contro la legge guidare con un'auto sporca.

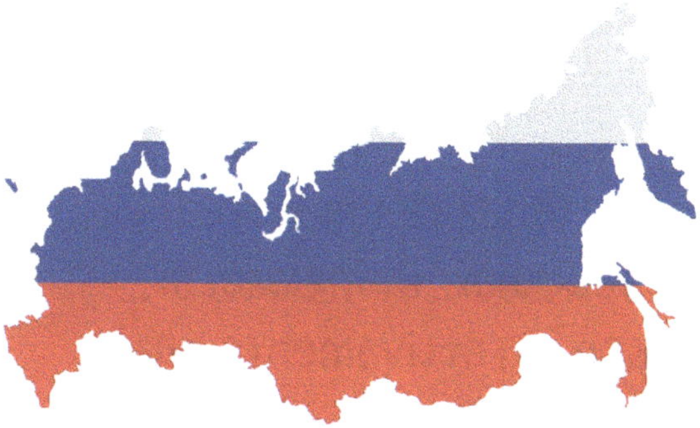

La prima multa per eccesso di velocità è stata emessa nel 1902 per un'auto che viaggiava a circa 72 km/h.

In alcune località della Svizzera, era contro la legge sbattere la portiera dell'auto.

Miti sulle Automobili

La potenza del motore, "horsepower" in inglese, si riferisce effettivamente alla velocità reale di un cavallo - in realtà è solo un modo per misurare il lavoro svolto in una quantità specifica di tempo.

Le automobili più piccole sono più pericolose per i passeggeri in caso di

Il costo dell'assicurazione auto dipende dal colore della tua auto.

Le auto vecchie sono più sicure.

Le auto sporche sono più efficienti dal punto di vista del

Rifornire il carburante al mattino ti fornisce carburante di migliore qualità.

Devi scaldare il motore dell'auto in condizioni di freddo.

Le auto manuali sono più efficienti dal punto di vista del consumo di carburante rispetto alle auto

Curiosità sulle Automobili

1. Cosa viene utilizzato per gonfiare le gomme dell'auto?

2. Quali sono i carburanti più comuni utilizzati per alimentare le automobili?

3. Quali tipi di auto vengono spesso utilizzati come veicoli da lavoro?

4. Quali sono alcune modifiche che puoi apportare alle auto?

Risposte:

1. Aria
2. Benzina, gasolio e elettricità
3. Furgoni e Pick-up (Ute)
4. Aggiungere elementi come spoiler e tetto apribile, il colore

Altri titoli della serie "Fatti Casuali"

KEEP
RIGHT

www.ingramcontent.com/pod-product-compliance
Lightning Source LLC
Chambersburg PA
CBHW080429030426
42335CB00020B/2648
* 9 7 8 1 9 2 2 6 4 1 9 6 0 *